MW01640178

Περιπέτεια στην Ελλάδα

Adventure in Greece

Περιπέτεια στην Ελλάδα

Adventure in Greece

A Bilingual Story

Athina Veloudou

Hugh Finlayson

First paperback edition August 2022

ISBN: 9798844637667

Table of Contents

Introduction

Christos is a young man from England, brought up by Greek parents. Follow him as he travels through the beautiful country of Greece while attempting to improve his Greek. But things don't always go to plan…

This is the second book in the *Adventure in Greece* bilingual story series. It has been carefully crafted for advanced beginners up to intermediate learners of modern Greek. It is constructed using simple, common expressions in all three tenses, and avoids using confusing vocabulary and grammar. The reader should have some knowledge of both aspects of Greek verbs before starting.

This book is specially designed for building a foundation in Greek vocabulary that the reader can draw from naturally and automatically. The Greek text has been written by a native speaker, who has taken care to translate expressions into their most natural Greek form, which occasionally includes common but essential idiomatic expressions. Every sentence has been negotiated with the English author, who is himself a student of Greek, to find the most helpful translation.

The authors keep as close to a word-for-word translation as possible without compromising the natural Greek.

You should enjoy the story and read at your own pace, no matter how slowly. As you read, the essential vocabulary will be repeated again and again to strengthen your foundation in Greek. The result will be a rewarding process as you realise you are reading page after page in Greek, and finding that your ability to recall Greek words improves effortlessly.

This book is the first in a coming series following Christos' adventures as he travels throughout Greece.

Πρόλογος

Prologue

Λέγομαι Χρήστος και αυτό είναι το δεύτερο μέρος της ιστορίας των ταξιδιών μου στην Ελλάδα.

My name is Christos, and this is the second part of the story of my travels in Greece.

Να σας υπενθυμίσω πως το προηγούμενο βιβλίο τελείωσε βρίσκοντας με στο σπίτι μιας καινούριας φίλης κοντά στην Επίδαυρο.

Just to remind you, the previous book ended as I had found myself at the home of a new friend near Epidaurus.

Την λένε Καλλιόπη.

She is called Kalliope.

Ο λόγος που ήμουν εκεί είναι επειδή το αυτοκίνητο του ξάδερφου μου χάλασε καθώς ερχόταν να με συναντήσει.

The reason I was there is because my cousin's car had broken down when he was coming to meet me.

Η Καλλιόπη με είχε προσκάλεσε να μείνω στο σπίτι της.

Kalliope had invited me to stay at her home.

Σε περίπτωση που δεν το έχετε διαβάσει σας προτείνω να ξεκινήσετε με το προηγούμενο βιβλίο πριν συνεχίσετε με αυτό, έτσι ώστε να καταλάβετε την ιστορία καλύτερα!

In case you haven't read it, I recommend you start with the previous book before continuing with this one, so that you will understand the story better!

Έτσι θα συνεχίσω την ιστορία μου.

And so I will continue my story.

Κεφάλαιο ένα: Το σπίτι της Καλλιόπης

Chapter One: Kalliope's House

«Καλώς ήρθες στο σπίτι μας!» είπε η Καλλιόπη καθώς έκλεισα την πόρτα του αυτοκινήτου πίσω μου.

"Welcome to our home!" said Kalliope as I closed the car door behind me.

Μπορούσα να ακούσω τζιτζίκια να τραγουδάνε δυνατά στα δέντρα.

I could hear crickets singing loudly in the trees.

Μια γυναίκα εμφανίστηκε στην είσοδο του σπιτιού και άρχισε να περπατάει προς το μέρος μας.

A woman appeared at the entrance of the house, and began walking towards us.

«Γεια σου αγάπη μου, ποιον μας έφερες;» ρώτησε η γυναίκα.

"Hello my love, who's this you've brought us?" asked the woman.

«Μαμά, αυτός είναι ο φίλος μου ο Χρήστος», απάντησε η Καλλιόπη. «Είναι από την Αγγλία αλλά είναι Έλληνας!»

"Mum, this is my friend Christos," replied Kalliope. "He's from England, but he's a Greek!"

«Γεια σου Χρήστο», είπε η γυναίκα. «Είμαι η Ελένη, η μητέρα της Καλλιόπης.»

"Hello Christos," said the woman. "I'm Eleni, Kalliope's mother."

«Χαίρομαι πολύ που σας γνωρίζω», απάντησα. «Ελπίζω να μην σας πειράζει που θα μείνω εδώ.»

"It's very nice to meet you," I replied. "I hope you don't mind me staying here."

«Θα μείνεις εδώ απόψε;» ρώτησε η Ελένη.

"You're staying here tonight?" asked Eleni.

«Με συγχωρείς μαμά, θα έπρεπε να σε είχα ρωτήσει πρώτα. Ελπίζω να μην σε πειράζει;» είπε η Καλλιόπη.

"Sorry Mum, I should have asked you first. I hope you don't mind?" said Kalliope.

«Όχι, καθόλου», απάντησε η Ελένη. «Θα είναι ευχαρίστηση μου να έχω έναν φιλοξενούμενο απόψε. Μόλις σήμερα γνωριστήκατε εσείς οι δυο;»

"No, not at all," Eleni replied. "It will be a pleasure to have a guest tonight. Did you two just meet today?"

«Ναι, πήρε το καράβι από τον Πειραιά και θα συναντούσε τον ξάδερφο του στο λιμάνι, αλλά ο ξάδερφος του είχε πρόβλημα με το αυτοκίνητο», απάντησε η Καλλιόπη.

"Yes, he took the boat from Piraeus and he should have met his cousin at the port, but his cousin had car trouble," replied Kalliope.

«Ω ρε παιδί μου», είπε η Ελένη. «Δεν πειράζει, θα περάσουμε ένα υπέροχο βράδυ, είμαι σίγουρη.»

"Oh dear," said Eleni. "Nevermind, we'll have a great evening, I'm sure."

«Πρέπει να σας ευχαριστήσω ξανά», είπα. «Αλήθεια δεν ξέρω πού θα έμενα εάν η Καλλιόπη δεν με είχε προσκαλέσει εδώ!»

"I must thank you again," I said. "I really don't know where I would have stayed if Kalliope hadn't invited me here!"

«Έλα να σου δείξω το σπίτι», είπε η Καλλιόπη.

"Come on, let me show you the house," said Kalliope.

Το σπίτι ήταν ένα παλιό παραδοσιακό Ελληνικό αγροτόσπιτο φτιαγμένο από πέτρα, διαφορετικό από το πιο μοντέρνο διαμέρισμα που έμενε η οικογένεια μου στην Αθήνα.

The house was an old, traditional Greek farmhouse made of stone, different to the more modern apartment that my family lived in in Athens.

Ακολούθησα την Καλλιόπη μέσα στο σπίτι.

I followed Kalliope into the house.

Μέσα, ο διάδρομος ήταν δροσερός και ευάερος. Τα ταβάνια ήταν ψηλά, και το πάτωμα ήταν φτιαγμένο από πέτρα.

Inside, the hall was cool and airy. The ceilings were high, and the floor was made of stone.

Υπήρχαν πίνακες και φωτογραφίες στους τοίχους.

There were paintings and photographs on the walls.

«Μπαμπά;» φώναξε η Καλλιόπη.

"Dad?" called Kalliope.

«Εδώ έξω!» άκουσα έναν άνδρα να απαντάει.

"Out here!" I heard a man answer.

Περπατήσαμε προς την άλλη μεριά του σπιτιού.

We walked through to the other side of the house.

Υπήρχε μια μικρή μεταλλική πύλη. Η Καλλιόπη την άνοιξε.

There was a small metal gate. Kalliope opened it.

«Σιγουρέψου να έχεις αυτήν την πύλη κλειστή», μου είπε.

"Make sure to keep this gate closed," she told me.

Συνέχισε: «Υπάρχουν πρόβατα εδώ γύρω, και αν την αφήσουμε ανοιχτή καμιά φορά έρχονται μέσα στον κήπο ψάχνοντας για φαγητό.»

She continued: "There are sheep around here, and if we leave it open they sometimes come into the garden looking for food."

«Κανένα πρόβλημα, κατανοητό», είπα.

"No problem, understood," I said.

Μέσα από την πύλη, ο πατέρας της Καλλιόπης μας χαιρέτησε. Στεκόταν δίπλα σε κάτι μεγάλους πλαστικούς κουβάδες.

Through the gate, Kalliope's father greeted us. He was standing next to some large plastic buckets.

«Γεια σου!» μου είπε, φαίνοντας να είναι λίγο έκπληκτος.

"Hello!" he said to me, looking a little surprised.

Η Καλλιόπη μας σύστησε. Μου είπε πως το όνομα του ήταν Πάνος.

Kalliope introduced us. She told me his name was Panos.

«Τι κάνεις μπαμπά;» τον ρώτησε.

"What are you doing, Dad?" she asked him.

«Οι ελιές από τον μικρό μας ελαιώνα είναι έτοιμες για μάζεμα, έτσι έχω ξεκινήσει να γεμίζω αυτούς τους κουβάδες», απάντησε.

"The olives from our small grove are ready for harvesting, so I've begun filling these buckets," he replied.

«Ω ουάου», είπα. «Έχετε δικό σας ελαιώνα;»

"Oh, wow," I said. "You have your own olive grove?"

«Είναι μόνο ένα στρέμμα», απάντησε ο Πάνος, «έτσι δεν μπαίνουμε στον κόπο να πουλήσουμε το λάδι.

"It's only an acre," replied Panos, "so we don't bother selling the oil.

Αντ' αυτού το κρατάμε για εμάς και έχουμε αρκετό να δώσουμε στους φίλους μας.»

Instead we keep it for ourselves and also have plenty to give to our friends."

«Είναι το καλύτερο ελαιόλαδο που θα έχεις δοκιμάσει ποτέ σου», είπε η Καλλιόπη. «Οι ελιές συνθλίβονται μια φορά και είναι αφιλτράριστο.

"It's the best olive oil you'll have ever tasted," said Kalliope. "The olives get pressed once and it's unfiltered.

Βασικά, θα μπορέσεις να το δοκιμάσεις απόψε στο βραδινό!»

In fact, you'll get to try it at dinner tonight!"

«Δεν μπορώ να περιμένω!» απάντησα.

"I can't wait!" I replied.

«Χρήστο», είπε ο Πάνος. «Μήπως θα σε ενδιέφερε να με βοηθήσεις να μαζέψω τις υπόλοιπες ελιές αύριο;»

"Christos," said Panos. "Would you be interested in helping me collect the remaining olives tomorrow?"

«Μπαμπά!» αναφώνησε η Καλλιόπη, «Είναι φιλοξενούμενος μας! Δεν θέλει να μαζέψει ελιές, είναι πολύ σκληρή δουλειά!»

"Dad!" exclaimed Kalliope, "He's our guest! He doesn't want to pick olives, it's really hard work!"

«Παραδόξως», είπα, «Νομίζω πως θα μου αρέσει η εμπειρία! Ναι, θα σας βοηθήσω να τις μαζέψετε!»

"Actually," I said, "I think I would really enjoy the experience! Yes, I'll help you pick them!"

«Είσαι σίγουρος; Αυτό θα είναι υπέροχο! Θα με βοηθήσει αρκετά», είπε ο Πάνος.

"If you're sure? That would be great! It would really help me out," said Panos.

Συνέχισε: «Θα πρέπει να ξυπνήσουμε νωρίς για να τις μαζέψουμε πριν το μεσημεριανό, γιατί τότε θα έχει πιο πολύ ζέστη.»

He continued: "We will have to wake up early to get them all picked before lunchtime, as then it will be too hot."

«Κανένα πρόβλημα», απάντησα. «Περιμένω πως και πως!»

"No problem," I replied. "I'm looking forward to it!"

Η Ελένη βγήκε έξω και κάθισε κάτω.

Eleni came outside and sat down.

Ο Πάνος τράβηξε δυό καρέκλες για εμένα και την Καλλιόπη, και καθίσαμε και εμείς.

Panos pulled out a couple of chairs for me and Kalliope, and we too sat down.

Ύστερα πήγε μέσα και σύντομα επέστρεψε με ένα μπουκάλι τσίπουρο και τέσσερα μικρά ποτήρια, τα οποία τοποθέτησε στο τραπέζι.

He then went inside, and soon returned with a bottle of tsipouro and four small glasses, which he placed on the table.

Οι τέσσερις μας καθίσαμε και μιλήσαμε για καμιά ώρα. Χαιρόμουν την ευκαιρία να μιλήσω ελληνικά με Έλληνες εκτός της οικογένειας μου.

The four of us sat and talked for an hour. I was enjoying the chance to speak Greek with Greeks other than my family.

«Χρήστο, τα ελληνικά σου είναι πολύ καλά», είπε η Ελένη. «Μιλάς συχνά στο σπίτι;»

"Christos, your Greek is very good," said Eleni. "Do you speak it often at home?"

«Ποτέ δεν μιλάω», απάντησα, «αλλά οι γονείς μου συνήθως τα μιλάνε, και έτσι τα ακούω αρκετά.

"I never speak it," I replied, "but my parents normally speak it, so I hear it a lot.

Αλλά πάντα απαντάω στα αγγλικά», συνέχισα. «Αυτό μου έρχεται πιο φυσικά.»

But I always respond in English," I continued. "It just comes more naturally to me."

Στο τέλος ο Πάνος και Ελένη πήγαν μέσα και επέστρεψαν με πολλά πιάτα με φαγητό, τα οποία τοποθέτησαν στο τραπέζι.

Eventually, Panos and Eleni went inside, and returned with many dishes of food, which they placed on the table.

Πριν ξεκινήσουμε να τρώμε, η Καλλιόπη τοποθέτησε ένα μπολ από το ελαιόλαδο της οικογένειας της μπροστά μου και μου έδωσε το καλάθι με το ψωμί.

Before we began eating, Kalliope placed a bowl of her family's own olive oil in front of me, and passed me the bread basket.

«Βούτηξε το ψωμί στο λάδι, και πες μου τι νομίζεις!» είπε.

"Dip the bread into the oil, and tell me what you think!" she said.

Το λάδι ήταν ένα σκούρο πράσινο χρώμα, και μη διαυγές.

The oil was of a dark green colour, and not clear.

Βούτηξα το ψωμί μέσα, και το άφησα να απορροφήσει το λάδι.

I dipped the bread into it, and let it soak up the oil.

Ύστερα το δοκίμασα, και ήταν απίθανο.

I then tasted it, and it was incredible.

«Δεν ήξερα πως το ελαιόλαδο μπορούσε να έχει τόσο ωραία γεύση!» αναφώνησα.

"I didn't know olive oil could taste this good!" I exclaimed.

Όλοι γέλασαν.

They all laughed.

Καθίσαμε στο τραπέζι κάτω από τον βραδινό ουρανό, τρώγοντας και μιλώντας υπό τον ήχο τζιτζικιών.

We sat at the table under the night sky, eating and talking to the sound of crickets.

Κεφάλαιο δύο: Ένα χωριό στην αυγή

Chapter Two: A Village at Dawn

Ξαφνικά ξύπνησα από τον πολύ δυνατό ήχο ενός κόκορα, όχι πολύ μακριά από το ανοιχτό μου παράθυρο.

I was suddenly awoken by the very loud sound of a rooster, not far from my open window.

Κοίταξα το τηλέφωνο μου και είδα πως ήταν έξι η ώρα.

I looked at my phone, and saw it was six o'clock.

Ο ουρανός γινόταν πιο φωτεινός, στο χρώμα που συνήθως είναι λίγο πριν ανατείλει ο ήλιος.

The sky was becoming brighter, the colour it often is just before the sun rises.

Ήξερα πως ο Πάνος ήθελε να ξεκινήσει νωρίς, έτσι αποφάσισα να σηκωθώ και να ντυθώ.

I knew that Panos wanted to start early, so I decided to get up and get dressed.

Κατέβηκα στο διάδρομο και άνοιξα την πόρτα που οδηγεί στον κήπο.

I went down the hall and opened the door leading into the garden.

Δεν μπορούσα να πιστέψω αυτό που είδα από την άλλη πλευρά.

I could not believe what I saw on the other side.

Περίπου δώδεκα πρόβατα με κοιτούσαν, μασώντας τα φυτά που μόλις είχαν φάει.

About twelve sheep were staring at me, chewing on plants they had just eaten.

Ξαφνικά θυμήθηκα τι μου είχε πει η Καλλιόπη για το κλείσιμο της πύλης.

I suddenly remembered what Kalliope had told me about closing the gate.

Θα έπρεπε να είχα ξεχάσει να το κάνω εχθές βράδυ.

I must have forgotten to do that last night.

Ωχ όχι! Σκέφτηκα. *Τα πρόβατα έχουν φάει όλα τα φυτά στον κήπο τους!*

Oh no! I thought. *The sheep have eaten all the plants in their garden!*

Άρχισα να κουνάω τα χέρια μου, προσπαθώντας να τρομάζω τα πρόβατα έξω από τον κήπο και πίσω από την ανοιχτή πύλη.

I began waving my arms, attempting to scare the sheep out of the garden and back through the open gate.

Έτρεξαν όλα προς την πύλη, βελάζοντας.

They all ran towards the gate, baa-ing.

Ουάου, σκέφτηκα, *θα γινόμουν καλός βοσκός!*

Wow, I thought, *I'd make a great shepherd!*

Ύστερα έκλεισα γρήγορα την πύλη.

I then quickly closed the gate.

Κοιτώντας γύρω, συνειδητοποίησα πως η κατάσταση δεν ήταν τόσο κακή όσο νόμιζα.

Looking around, I realised the situation wasn't as bad as I'd thought.

Ωστόσο, θα έπρεπε να το εξηγήσω στην Καλλιόπη και στους γονείς της όταν δουν τι έγινε.

However, I would need to explain this to Kalliope and her parents when they see what's happened.

«Καλημέρα Χρήστο!» άκουσα τον Πάνο να φωνάζει μέσα από την πόρτα του σπιτιού. «Τι έγινε εδώ;»

"Good morning Christos!" I heard Panos call from the door of the house. "What's happened here?"

«Καλημέρα Πάνο! Φοβάμαι πως άφησα την πύλη ανοιχτή εχθές βράδυ, και μόλις ξύπνησα βρήκα μερικά πρόβατα εδώ έξω να τρώνε τα φυτά σας.»

"Good morning Panos! I'm afraid I left the gate open last night, and just woke up to find some sheep out here eating your plants."

Ο Πάνος έσκασε στα γέλια. Ανακουφίστηκα που δεν ήταν θυμωμένος.

Panos burst out laughing. I was relieved that he wasn't angry.

«Δεν πειράζει», είπε, «συμβαίνει από καιρό σε καιρό, αν και η Ελένη δεν θα είναι χαρούμενη που τα λουλούδια της φαγώθηκαν!»

"Nevermind," he said, "it happens from time to time, although Eleni won't be pleased about her flowers having been eaten!"

«Λυπάμαι πολύ», συνέχισα.

"I'm really sorry," I continued.

«Αλήθεια, μη ανησυχείς για αυτό. Απλά είναι μέρος της ζωής σε ένα ελληνικό χωριό!» είπε.

"Really, don't worry about it. It's just part of living in a Greek village!" he said.

Συνέχισε: «Ας πιούμε ένα γρήγορο καφέ, και μετά θα πάμε στον ελαιώνα.»

He continued: "Let's have a quick coffee, then we'll go out to the olive grove."

Κεφάλαιο τρία: Ο ελαιώνας

Chapter Three: The Olive Grove

Μετά τον καφέ ο Πάνος μου έδωσε μερικούς μεγάλους πλαστικούς κουβάδες.

After the coffee, Panos gave me some large plastic buckets.

Περάσαμε από την πύλη, και αυτήν την φορά σιγουρεύτηκα πως την έκλεισα.

We went through the gate, and this time I made sure I closed it.

Ο ελαιώνας ήταν ακριβώς κάτω από το σπίτι και τον κήπο, και κατηφορίσαμε λίγο τον λόφο για να τον φτάσουμε.

The olive grove was just underneath the house and garden, and we walked down the hill a little way to reach it.

Ως τώρα όλα ήταν λουσμένα στο χρυσαφένιο χρώμα του ανατέλλοντος ήλιου και μπορούσα να ακούσω πουλιά να τραγουδούν.

By now, everything was bathed in the golden light of the rising sun, and I could hear birds singing.

Τα δέντρα ελιάς έμοιαζαν ηλικιωμένα και σοφά. Στέκονταν σε σειρές με μια όμορφη θέα από τους πέρα λόφους.

The olive trees looked old and wise. They stood in rows, with a beautiful view of the hills beyond.

Μπορούσα να δω πως οι σκληροί κορμοί και τα κέρινα φύλλα τους μπορούσαν να αντέξουν όχι μόνο σκληρές χειμωνιάτικες θύελλες, αλλά και καυτά καλοκαίρια.

I could see how their hardy trunks and waxy leaves could withstand not only harsh winter storms, but also hot summers.

«Εδώ», είπε ο Πάνος, «θα σου δείξω πως μαζεύουμε τις ελιές.»

"Here," said Panos, "I'll show you how we harvest the olives."

Τοποθέτησε μερικά μεγάλα σεντόνια κάτω από ένα δέντρο, έτσι ώστε το έδαφος από κάτω να ήταν εντελώς σκεπασμένο.

He placed some large sheets underneath one of the trees, so that the ground underneath was completely covered.

Ύστερα σήκωσε ένα μεγάλο μπαστούνι και ξεκίνησε να χτυπάει τα κλαδιά.

Then he picked up a long stick, and began hitting the branches.

Καθώς χτυπούσε τα κλαδιά, ελιές και φύλλα έπεφταν πάνω στα σεντόνια.

As he beat the branches, olives and leaves fell down onto the sheets.

Μετά σήκωσε κάθε σεντόνι και έριξε όλες τις ελιές μέσα σε ένα κουβά.

He then picked up each sheet and poured all of the olives into a bucket.

«Τώρα δοκίμασε εσύ», μου είπε.

"Now you try," he said to me.

Σήκωσα το άλλο μπαστούνι και ξεκίνησα να χτυπάω τα κλαδιά.

I picked up the other long stick, and began beating the branches.

Ελιές και φύλλα έπεφταν κάτω στο έδαφος τριγύρω μου.

Olives and leaves were falling down onto the ground all around me.

«Έτσι;» ρώτησα.

"Like this?" I asked.

«Ναι, αλλά χτύπα πιο δυνατά!» απάντησε ο Πάνος. «Σιγουρέψου πως χτυπάς όλα τα κλαδιά!»

"Yes, but beat harder!" replied Panos. "Make sure you hit all the branches!"

Χτύπησα τα κλαδιά πιο δυνατά. *Πώς βρέθηκα σε αυτήν την κατάσταση;* Αναρωτήθηκα.

I beat the branches harder. *How did I find myself in this situation?* I wondered.

«Καλή δουλειά», είπε ο Πάνος. «Εντάξει, θα ξεκινήσω από το τέλος του ελαιώνα και θα συνεχίσω προς τα πάνω.

"Good work," said Panos. "OK, I'll start from the end of the grove and work upwards.

Εσύ ξεκίνησε από εδώ και συνέχισε προς τα κάτω και θα συναντηθούμε στην μέση, που θα είναι περίπου μέχρι το μεσημέρι», εξήγησε.

You start from here and work downwards, and we'll meet in the middle, which should be by midday," he explained.

«Φώναξε με αν χρειαστείς οτιδήποτε», πρόσθεσε.

"Call me if you need anything," he added.

«Μια χαρά», είπα.

"Sounds good," I said.

Ο Πάνος κατηφόρισε ανάμεσα από τα δέντρα στο τέρμα του ελαιώνα και εξαφανίστηκε.

Panos walked down through the trees to the end of the grove, and disappeared.

Ο πρωινός αέρας ήταν δροσερός, αλλά ήδη είχα αρχίσει να νιώθω την ζέστη από τον δυνατό ήλιο στο δέρμα μου.

The early morning air was cool, but already I was beginning to feel the heat from the strong sun on my skin.

Αυτό θα είναι δύσκολο! Σκέφτηκα.

This is going to be tough! I thought to myself.

Συνέχισα να δουλεύω στο πρώτο μου δέντρο.

I continued working on my first tree.

Όταν είχα χτυπήσει όλες τις ελιές, σήκωσα το σεντόνι και τις έριξα μέσα σε έναν από τους κουβάδες.

When I had beaten off all of the olives, I picked up the sheet and poured them into one of the buckets.

Μόλις τελείωσα εκείνο το δέντρο, μάζεψα όλο τον εξοπλισμό και συνέχισα στο επόμενο.

Once I had finished that tree, I gathered all the equipment, and continued to the next one.

Η δουλειά ήταν πολύ γαλήνια. Μπορούσα να ακούσω τους κόκορες και τα πρόβατα στους μακρινούς λόφους.

The work was very peaceful. I could hear the roosters and sheep in the distant hills.

Μια στο τόσο έβλεπα ένα ενδιαφέρον έντομο ή σαύρα, και έναν αετό να περικυκλώνει αθόρυβα ψηλά στον ουρανό.

Occasionally I would see an interesting insect or lizard, and an eagle would circle silently high up in the sky.

Συνέχισα να μαζεύω το ένα δέντρο μετά το άλλο μέχρι να τελειώσω όλη την σειρά.

I continued picking one tree after the other, until I had completed the entire row.

Είχα ήδη γεμίσει πολλούς πλαστικούς κουβάδες με ελιές.

I had already filled many plastic buckets with olives.

Στις εννέα η ώρα ο Πάνος ήρθε περπατώντας προς το μέρος μου.

At nine o'clock, Panos came walking up towards me.

«Πώς πάει;» ρώτησε. «Φαίνεται να έχεις κάνει αρκετά!»

"How's it going?" he asked. "Looks like you've done quite a few!"

«Είναι σκληρή δουλειά», απάντησα, «και ο ήλιος δεν είναι ακόμα ψηλά!»

"It's hard work," I replied, "and the sun isn't even high yet!"

«Ναι», είπε ο Πάνος, «το δεύτερο μισό θα είναι σίγουρα πιο ζεστό, αλλά μετέπειτα μπορούμε να απολαύσουμε ένα μεγάλο μεσημεριανό και έναν απογευματινό ύπνο.»

"Yes," said Panos, "the second half will certainly be hotter, but afterwards we can enjoy a big lunch and an afternoon nap."

Συνέχισε: «Πήρα τηλέφωνο την Καλλιόπη, και θα κατηφορίσει με μερικά σνακ και ροφήματα. Θα κάνουμε ένα εικοσάλεπτο διάλειμμα τώρα.»

He continued: "I've rung Kalliope, she'll be coming down with some snacks and drinks. We'll have a twenty minute break now."

Καθίσαμε κάτω σε μερικούς ανάποδους κουβάδες, κάτω από την σκιά ενός δέντρου.

We sat down on a couple of upturned buckets, underneath the shade of a tree.

Σκούπισα τον ιδρώτα από το πρόσωπο μου.

I wiped the sweat from my face.

«Καλημέρα!» άκουσα την Καλλιόπη να φωνάζει από μακριά.

"Good morning!" I heard Kalliope call from afar.

Κοίταξα προς τα πάνω και την είδα να κατηφορίζει προς το μέρος μας με μιά τσάντα.

I looked up, and saw her walking down towards us with a bag.

«Καλημέρα!» απάντησα.

"Good morning!" I replied.

Η Καλλιόπη τοποθέτησε την τσάντα μπροστά μας.

Kalliope put the bag down in front of us.

«Θα πρέπει να σηκώθηκες από νωρίς! Βλέπω ο μπαμπάς σε έχει ρίξει στην δουλειά!» γέλασε.
"You must have been up early! I see Dad has really put you to work!" she laughed.

«Είναι σκληρή δουλειά, αλλά πραγματικά πολύ γαλήνια. Καλή για την ψυχή!» απάντησα.
"It's hard work, but actually very peaceful. Good for the soul!" I replied.

«Χαίρομαι. Εδώ έχει νερό, χυμό πορτοκάλι, φρούτα, ένα γλυκό ψωμί που λέγεται τσουρέκι και καφέ.»
"I'm glad. Here is some water, orange juice, fruit, a sweet bread called tsoureki, and coffee."

«Τέλεια, ευχαριστώ!» απάντησα.
"Perfect, thank you!" I replied.

Τα σνακ και τα ροφήματα ήταν πολύ αναζωογονητικά.
The snacks and drinks were very refreshing.

Οι τρεις μας καθίσαμε και μιλήσαμε στην σκιά για είκοσι λεπτά.
The three of us sat and talked in the shade for twenty minutes.

Στο τέλος ο Πάνος σηκώθηκε. «Λοιπόν, πρέπει να ξεκινήσουμε το μάζεμα των υπόλοιπων δέντρων πριν να πιάσει πιο πολύ ζέστη», είπε.

Finally, Panos stood up. "Well, we should begin harvesting the remaining trees before it gets too hot," he said.

Η Καλλιόπη σηκώθηκε και ανηφόρισε πίσω στο σπίτι, και εμείς συνεχίσαμε να δουλεύουμε.

Kalliope got up and walked back up to the house, and we continued working.

Μετά από μία ώρα μπορούσα να δω από μακριά τον Πάνο να δουλεύει, πράγμα που σήμαινε πως ήμασταν κοντά στο να συναντηθούμε στην μέση και να τελειώσουμε.

After an hour, I could see Panos working in the distance, meaning we were getting close to meeting in the middle and finishing.

Μέχρι τις δέκα και μισή είχε ήδη πολύ ζέστη.

By half past ten, it was already very hot.

Τα τζιτζίκια τραγουδούσαν δυνατά στον καύσωνα αλλά ο ήχος των άλλων ζώων είχε σταματήσει, καθώς είχαν βρει καταφύγιο από τον ήλιο.

The crickets were singing noisily in the heat, but the sounds of the other animals had stopped, as they had found shelter from the sun.

Ο ήλιος τώρα ήταν ψηλά και προσπάθησα να μείνω στην σκιά όσο το δυνατόν πιο πολύ.

The sun was high now, and I tried to stay in the shade as much as possible.

Στο τέλος ο Πάνος και εγώ δουλεύαμε στα τελευταία μας δέντρα, ο ένας δίπλα στον άλλο.

Finally, Panos and I were working on our final trees, next to each other.

Ρίξαμε τις τελευταίες ελιές μέσα σε έναν κουβά.

We poured the last olives into a bucket.

«Εξαιρετική δουλειά, και ευχαριστώ!» μου είπε. «Μπορούμε να χαλαρώσουμε πίσω στο σπίτι τώρα. Θα σου δώσω μια πετσέτα για να μπορέσεις να κάνεις ένα ντους.»

"Excellent work, and thank you!" he said to me. "We can relax back at the house now. I'll give you a towel so that you can take a shower."

«Ένα ντους θα ήταν αρκετά ευπρόσδεκτο», απάντησα. «Είμαι εξαντλημένος!»

"A shower would be most welcome," I replied. "I'm exhausted!"

Μαζέψαμε τα εργαλεία μας και περπατήσαμε πίσω στο σπίτι.

We picked up our tools, and walked back up to the house.

Κεφάλαιο τέσσερα: Απόγευμα στην Επίδαυρο

Chapter Four: Evening in Epidaurus

Αφού είχα κάνει ντους και είχαμε φάει μεσημεριανό, αποφάσισα να πάρω τηλέφωνο τον ξάδερφο μου τον Νίκο για να δω πότε είναι να φτάσει.

After I had showered and we had eaten lunch, I decided to phone my cousin Nikos, to see when he would be arriving.

«Γεια σου Χρήστο!» απάντησε.

"Hello Christos!" he answered.

«Έλα Νίκο, αναρωτιέμαι τι ώρα θα έρθεις από εδώ σήμερα;» ρώτησα.

"Hey Nikos, I'm wondering what time you'll come here today?" I asked.

«Ευτυχώς το αυτοκίνητο είναι μια χαρά», είπε, «απλώς χρειαζόταν καινούρια μπαταρία, οπότε θα είμαι εκεί περίπου στις τέσσερις η ώρα.

"Luckily the car is fine," he said. "It just needed a new battery, so I'm going to be there around four o'clock.

Θα έρθω να σε πάρω και μετά θα φύγουμε για το ξενοδοχείο στην Επίδαυρο. Πού μένεις;» ρώτησε.

I'll pick you up, and then we'll leave for the hotel in Epidaurus. Where are you staying?" he asked.

Ρώτησα την Καλλιόπη για την διεύθυνση και του την έδωσα.

I asked Kalliope for the address, and gave it to him.

«Εντάξει, θα σε δω τότε», είπα, και έκλεισα το τηλέφωνο.

"OK, I'll see you then," he said, and hung up.

Οι ώρες πέρασαν και επιτέλους ήταν τέσσερις η ώρα.

The hours passed by, and eventually it was four o'clock.

Μετά από λίγο το αυτοκίνητο του Νίκου ανέβηκε τον στενό δρόμο προς το σπίτι.

Not long after, Nikos' car came up the narrow road towards the house.

Σταμάτησε το αυτοκίνητο και βγήκε έξω.

He stopped the car and got out.

«Ουάου, δεν ήμουν σίγουρος εάν θα το έβρισκα ποτέ αυτό το μέρος!» είπε.

"Wow, I wasn't sure if I was ever going to find this place!" he said.

«Χαίρομαι που σε βλέπω Νίκο!» είπα. «Κάλλιο αργά παρά ποτέ!»

"Good to see you Nikos!" I said. "Better late than never!"

«Χρήστο, ήταν χαρά μας να σε έχουμε. Είσαι ευπρόσδεκτος οποιαδήποτε στιγμή», είπε η Ελένη.

"Christos, it's been a pleasure having you. You're welcome anytime," said Eleni.

«Αλλά θα σε περιμένει πιο πολύ δουλειά!» πρόσθεσε ο Πάνος, αστειεύοντας.

"But there'll be more work waiting for you!" added Panos, jokingly.

«Αυτός είναι ο αριθμός μου», είπε η Καλλιόπη, «ας κρατήσουμε επαφή!»

"Here's my number," said Kalliope, "let's keep in touch!"

Αγκαλιαστήκαμε.

We hugged.

Έβαλα την τσάντα μου στο αυτοκίνητο και προσπάθησα να μπω από την θέση του οδηγού.

I put my bag in the car, and tried to get in on the driver's side.

«Εσύ θα οδηγήσεις;» ρώτησε ο Νίκος.

"Are you going to be driving?" asked Nikos.

«Ω! Όλο ξεχνάω πώς είναι από την άλλη μεριά εδώ!» γέλασα, περπατώντας στην μεριά το συνοδηγού αντ'αυτού.

"Oh! I keep forgetting it's from the other side here!" I laughed, walking to the passenger side instead.

Απομακρυνθήκαμε, κατηφορίζοντας από τον λόφο προς την παραλία, πίσω στα Μέθανα. Ύστερα συνεχίσαμε προς την Επίδαυρο.

We drove away, down the hill towards the coast, back to Methana. Then we continued towards Epidaurus.

«Βλέπω σε έριξαν στην δουλειά», παρατήρησε ο Νίκος. «Μοιάζεις να έχεις αρπάξει λίγο από τον ήλιο!»

"I see they put you to work," remarked Nikos. "You look like you've caught a little sun!"

Του είπα για την διαμονή μου. Γέλασε πολύ όταν του είπα για τα πρόβατα.

I told him about my stay. He laughed a lot when I told him about the sheep.

«Θα λατρέψεις την Επίδαυρο», είπε. «Θα μείνουμε σε ένα ξενοδοχείο στην πόλη απόψε και θα βρούμε κάπου να φάμε βραδινό.»

"You're going to love Epidaurus," he said. "We'll stay in a hotel in the town tonight, and find a place to eat dinner."

«Αύριο θα πάμε στην παραλία και μετά το βράδυ θα δούμε μια αρχαία ελληνική τραγωδία στο αρχαίο θέατρο.

"Tomorrow we'll go to the beach and then in the evening, we're seeing an ancient Greek tragedy at the ancient theatre.

Προμηθέας Δεσμώτης, του Αισχύλου», συνέχισε.

Prometheus Bound, by Aeschylus," he continued.

«Αυτό ακούγεται τέλειο», είπε. «Ακόμα δείχνουν αρχαία έργα στο αρχαίο θέατρο;»

"That sounds amazing," I said. "They're still showing ancient plays at the ancient theatre?"

«Κάθε καλοκαίρι γίνεται ένα φεστιβάλ τεχνών στην Αθήνα, και αυτή η παράσταση είναι ένα μέρος του», είπε ο Νίκος.

"Every summer there is a festival of the arts in Athens, and this show is a part of it," said Nikos.

«Κάποιοι πολύ διάσημοι Έλληνες ηθοποιοί θα παίζουν σε αυτό», συνέχισε.

"Some very famous Greek actors will be playing in it," he continued.

«Επίσης ανυπομονώ επιτέλους να κολυμπήσω στην θάλασσα!» είπα.

"I also can't wait to finally swim in the sea!" I said.

Φτάσαμε στο ξενοδοχείο, παρκάραμε το αυτοκίνητο, κάναμε τσεκ ιν και ανεβήκαμε στο δωμάτιο.

We arrived at the hotel, parked the car, checked in, and went up to the room.

Ήταν ένα μεγάλο δωμάτιο με μπαλκόνι. Βγήκα έξω στο μπαλκόνι και μπόρεσα να δω την θάλασσα στο βάθος, με τον ήλιο να δύει πάνω της.

It was a big room with a balcony. I went out onto the balcony and could see the sea in the distance, with the sun setting over it.

«Ωραίο δωμάτιο!» είπα. «Καλή επιλογή.»

"Nice room!" I said. "Well chosen."

«Δεν ήταν το καλύτερο διαθέσιμο», είπε ο Νίκος, «αλλά ήταν φθηνό! Ας βρούμε ένα μέρος για να φάμε.»

"It wasn't the best available," said Nikos, "but it was cheap! Let's find a place to eat."

Περπατήσαμε προς την παραλία, αποφασίζοντας πιο εστιατόριο έμοιαζε καλό.

We walked down to the waterfront, deciding on which restaurant looked good.

Τελικά βρήκαμε ένα που μας έβαλε να καθίσουμε έξω κάτω από μερικά δέντρα και δίπλα στο νερό. Ένα μεγάλο φεγγάρι ανέβαινε στον σκοτεινό ορίζοντα.

We eventually found one which seated us outside under some trees and by the water's edge. A large moon rose over the dark horizon.

Ύστερα από πολλά πιάτα και μια καράφα κρασί, επιστρέψαμε στο ξενοδοχείο και πήγαμε για ύπνο.

After many dishes and a carafe of wine, we returned to the hotel and went to sleep.

Κεφάλαιο πέντε: Η βυθισμένη πόλη

Chapter Five: The Sunken City

Ξυπνήσαμε περίπου στις οκτώ.

We woke up at around eight.

Ύστερα από ένα πεντανόστιμο πρωινό με σύκα, πεπόνι, μέλι, γιαούρτι και φρέσκο ντόπιο χυμό πορτοκάλι, ετοιμαστήκαμε να φύγουμε για την παραλία.

After a delicious breakfast of figs, melon, honey, yoghurt and fresh local orange juice, we got ready to leave for the beach.

«Πραγματικά έχω συνηθίσει σε αυτό το φαγητό», είπα, «Θα μου λείψει όταν τελικά γυρίσω πίσω στην Αγγλία.»

"I've really gotten used to this food," I said, "I'm going to miss it when I eventually get back to England."

«Εμείς οι Έλληνες έχουμε αρκετά προβλήματα», είπε ο Νίκος, «αλλά το φαγητό μας δεν είναι ένα από αυτά!»

"We Greeks have many problems," said Nikos, "but our food isn't one of them!"

Ετοιμάσαμε τις τσάντες θαλάσσης μας με πετσέτες, αντιηλιακό, γυαλιά ηλίου, γυαλιά κολύμβησης και μερικά βιβλία. Ο Νίκος είχε και ένα ψυγειάκι με μερικές μπύρες μέσα.

We packed our beach bags with towels, sun cream, sunglasses, swim goggles and a couple of books. Nikos also had a cooler with some beers in it.

«Έτοιμος;» με ρώτησε. «Πάμε!»

"Ready?" he asked me. "Let's go!"

Περπατήσαμε μέσα από την πόλη, κατηφορίζοντας με τα μαγιό μας προς την παραλία. Όταν φτάσαμε ήμουν ενθουσιασμένος που είδα την πεντακάθαρη μπλε θάλασσα.

We walked through the town, down towards the beach in our swim shorts. When we arrived, I was excited to see the clear blue sea.

Περιμένω πως και πως να βουτήξω στην θάλασσα! Σκέφτηκα.

I can't wait to jump into that sea! I thought.

Βρήκαμε ένα καλό σημείο και απλώσαμε κάτω τις πετσέτες μας.

We found a good spot, and laid down our towels.

Υπήρχαν και μερικοί άλλοι άνθρωποι εκεί· μερικές οικογένειες και μερικά ζευγάρια.

There were a few people also there; some families, and some couples.

«Από εκεί», είπε ο Νίκος δείχνοντας, «είναι μια αρχαία πόλη-λιμάνι.»

"Over there," said Nikos, pointing, "is an ancient port town."

«Πού;» ρώτησα. «Δείχνεις την θάλασσα.»

"Where?" I asked. "You're pointing at the sea."

«Ακριβώς» είπε. «Είναι κάτω από το νερό τώρα. Αν κολυμπήσεις από εκεί μπορείς να την εξερευνήσεις. Μπορείς να δεις τους παλιούς τοίχους κτιρίων.»

"Exactly," he said. "It's underwater now. If you swim out there you can explore it. You can see the old walls of buildings."

«Ουάου», είπα, «θα κολυμπήσω απευθείας εκεί τώρα!»

"Wow," I said, "I'm going to swim straight over there now!"

Έβαλα τα γυαλιά κολύμβησης μου και κατηφόρισα προς την ακρογιαλιά.

I put on my swim goggles, and walked down to the water's edge.

Το πεντακάθαρο νερό χτυπούσε απαλά τα βότσαλα.

The clear water was gently breaking on the pebbles.

Μπήκα στο νερό και έμεινα έκπληκτος από την ζεστασιά.

I entered the water, and was surprised at its warmth.

Τελικά, όταν ήμουν μέχρι την μέση, βυθίστηκα εντελώς. Ήταν απίστευτα αναζωογονητικό.

Eventually, when I was waist-deep, I completely submerged myself. It was extremely refreshing.

«Είναι τόσο ωραία!» Φώναξα στον Νίκο και αυτός χαιρέτησε πίσω.

"It's so nice!" I shouted to Nikos, and he waved back.

Ξεκίνησα να κολυμπάω προς την κατεύθυνση της αρχαίας πόλης.

I began swimming in the direction of the ancient town.

Ήταν ρηχά και μπορούσα να δω τον βυθό μερικά μέτρα κάτω.

It was shallow, and I could see the sea bed a couple of metres below.

Προσπέρασα άλλους κολυμβητές και μερικές μικρές βάρκες και καγιάκ.

I passed other swimmers, and some small boats and kayaks.

Τελικά άρχισα να βλέπω γεωμετρικά σχήματα στον βυθό και συνειδητοποίησα πως είχα φτάσει στην βυθισμένη πόλη.

Eventually, I began to see geometric shapes in the sea bed, and I realised I had reached the submerged city.

Κολυμπούσα από πάνω της, κοιτώντας κάτω.

I was swimming above it, looking down.

Βούτηξα για να εξερευνήσω τις αρχαίες κατασκευές από κοντά.

I dived down to explore the ancient constructions closer.

Φαντάστηκα πως άνθρωποι θα καθόντουσαν σε αυτά τα σπίτια καιρό πριν, και περπατούσαν αυτούς τους στενούς δρόμους.

I imagined how people would have been sitting in these houses long ago, and walking these narrow streets.

Θα αντάλλαζαν αγαθά με ανθρώπους από την ανατολική Μεσόγειο.

They would have been trading goods with people from across the eastern Mediterranean.

Και τώρα είναι όλη κάτω από την θάλασσα.

And now it was all under the sea.

Κολυμπώντας πίσω προς το μέρος της παραλίας που ήταν οι πετσέτες μας, είδα το κεφάλι του Νίκου στο νερό.

Swimming back towards the part of the beach where our towels were, I saw Nikos' head in the water.

«Έι, αυτή η βυθισμένη πόλη είναι απίθανη!» του φώναξα.

"Hey, that sunken city is incredible!" I shouted to him.

Κολυμπήσαμε και μιλήσαμε μέσα στο δροσερό, πεντακάθαρο νερό για είκοσι λεπτά και μετά επιστρέψαμε στην παραλία.

We swam and talked in the cool, clear water for twenty minutes, then returned to the beach.

Έβαλα λίγο αντηλιακό, ξάπλωσα κάτω στην πετσέτα μου, και παρόλο που ήταν ακόμα πρωί, άνοιξα μια μπύρα.

I put on some sun cream, lay down on my towel, and even though it was still the morning, I opened a beer.

Φόρεσα τα γυαλιά ηλίου μου και άνοιξα το βιβλίο μου.

I put on my sunglasses and opened my book.

Ξαπλώνοντας στον ήλιο με μια μπύρα και ένα βιβλίο ήταν τόσο χαλαρωτικό. Χαιρόμουν την αίσθηση της θερμοκρασίας από τον ήλιο σε όλο μου το σώμα.

Laying in the sun with a beer and a book was so relaxing. I enjoyed feeling the heat from the sun all over my body.

Όταν ζεσταινόμουν, απλώς έμπαινα μέσα στην θάλασσα για να δροσιστώ.

When I felt too hot, I simply went back into the sea to cool off.

Στο τέλος φύγαμε από την παραλία για να βρούμε μεσημεριανό σε μία ταβέρνα. Παραγγείλαμε πολλά θαλασσινά, φάβα και δύο κρύες μπύρες.

We eventually left the beach to find lunch at a taverna. We ordered lots of seafood, fava beans, and two cold beers.

Τελευταία είχα αρχίσει να παρατηρώ πως το ελαιόλαδο σερβίρονταν πάντα σε πολύ μικρά, σφραγισμένα πλαστικά μπουκάλια. Ρώτησα τον Νίκο γιατί ήταν έτσι.

Recently, I had begun noticing that the olive oil was always served in very small, sealed plastic bottles. I asked Nikos why that was.

«Πέρασε ένας νόμος τελευταία που απαιτεί τα εστιατόρια να σερβίρουν το ελαιόλαδο σε αυτά, έτσι ώστε να διασφαλίζεται η καλή ποιότητα», εξήγησε.

"A law was passed recently which requires that restaurants only serve olive oil in those, in order to ensure the good quality," he explained.

Συνέχισε: «Δυστυχώς, κάποια εστιατόρια βρέθηκαν να προσθέτουν μαγειρικό λάδι στο ελαιόλαδο, έτσι ώστε να εξοικονομήσουν χρήματα.

He continued: "Unfortunately, some restaurants were found to be adding cooking oil to the olive oil, in order to save money.

Αυτός ο νόμος είναι ένα εξαιρετικό παράδειγμα ελληνικής γραφειοκρατίας!» πρόσθεσε, γελώντας. «Αλλά δείχνει πόσο πολύ σεβόμαστε το ελαιόλαδο μας!»

This law is a great example of Greek bureaucracy!" he added, laughing. "But it shows how much we respect our olive oil!"

Συνέχισε: «Απλώς θα απέφευγα όσο εστιατόρια βάζουν κακό ελαιόλαδο στο τραπέζι, γιατί έτσι ξέρεις πως δεν ενδιαφέρονται να σερβίρουν καλό φαγητό.»

He continued: "I would simply avoid any restaurants that put bad olive oil on the table, because then you would know they're not interested in serving good food."

Πρόσθεσε: «Ξέρεις πως είναι κακό λάδι επειδή είναι κίτρινο σε χρώμα, όχι πράσινο.»

He added: "You know if it's bad oil because it's yellow in colour, not green."

«Αλλά το περισσότερο ελαιόλαδο στα σούπερ μάρκετ της Αγγλίας είναι κίτρινο!» απάντησα.

"But most of the olive oil in the supermarkets in England is yellow!" I replied.

«Τι να πω; Κίτρινο ελαιόλαδο δεν είναι καλό ελαιόλαδο!» απάντησε.

"What can I say? Yellow olive oil is not good olive oil!" he replied.

Ύστερα από το πολύωρο, μεγάλο μεσημεριανό, επιστρέψαμε στο ξενοδοχείο για να ετοιμαστούμε να πάμε στο αρχαίο θέατρο.

After our long, large lunch, we went back to the hotel to get ready to go to the ancient theatre.

Κεφάλαιο έξι: Το αρχαίο θέατρο

Chapter Six: The Ancient Theatre

«Να ντυθούμε καλά, λόγω της ιστορικής τοποθεσίας», μου είπε ο Νίκος.

"We should dress nicely, due to the historic location," Nikos told me.

Φόρεσα ένα ροζ λινό πουκάμισο και σκούρο μπλε σορτσάκι, με κάτι δερμάτινα σανδάλια.

I wore a pink linen shirt, and dark blue linen shorts, with some leather sandals.

Επίσης ετοιμάσαμε και τις τσάντες μας και τις βάλαμε στο αυτοκίνητο, αφού δεν θα μείνουμε άλλο βράδυ στην Επίδαυρο.

We also packed our bags and put them in the car, as we would not be staying another night in Epidaurus.

Θα επιστρέψουμε πίσω στην Αθήνα μετά την παράσταση.

We would return to Athens after the play.

Η οδήγηση προς την αρχαία πόλη της Επιδαύρου ήταν περίπου μισή ώρα, μέσα από πανέμορφα ορεινά δάση.

The drive towards the ancient city of Epidaurus was about half an hour, through beautiful mountainous forests.

Όσο πλησιάζαμε, συνειδητοποίησα πόσος κόσμος ερχόταν να δει την παράσταση.

As we got closer, I realised just how many people were coming to see the play.

Φαινόταν σαν χιλιάδες αυτοκίνητα να κατέβαιναν στην αρχαία πόλη, μέσα στο ζεστό αέρα του σούρουπου.

It seemed like thousands of cars were descending on the ancient city, in the warm dusk air.

«Νίκο», είπα, «ακριβώς πόσο μεγάλο είναι το αρχαίο θέατρο; Δεν νομίζω εάν όλοι αυτοί οι άνθρωποι θα χωρέσουν…»

"Nikos," I said, "exactly how big is this ancient theatre? I don't know if all these people are going to fit…"

«Λοιπόν μπορεί να χωρέσει δεκατρείς με δεκατέσσερις χιλιάδες άτομα», είπε ο Νίκος.

"Well it can fit thirteen to fourteen thousand people," said Nikos.

«Τι;!» είπα, σαστισμένα. «Δεν είχα ιδέα! Πώς κάτι τόσο παλιό και τόσο τεράστιο να χρησιμοποιείται μέχρι σήμερα;»

"What?!" I said, in amazement. "I had no idea! How can something so old and so huge still be used today?"

«Σε κάνει όντως να αναρωτιέσαι», είπε ο Νίκος.

"It makes you wonder indeed," said Nikos.

Αφού παρκάραμε το αυτοκίνητο, ακολουθήσαμε τα πλήθη του κόσμου. Ήταν όλοι ντυμένοι πολύ ωραία, και μπορούσα να μυρίσω αρώματα.

After we parked the car, we followed the crowds of people. They were all dressed very nicely, and I could smell perfumes.

«Οι περισσότεροι άνθρωποι έχουν οδηγήσει από την Αθήνα», μου είπε ο Νίκος, «που είναι περίπου δύο ώρες από εδώ.»

"Most of these people have driven from Athens," Nikos told me, "which is about two hours from here."

Το πλήθος έγινε πιο πυκνό. Σιγά σιγά κατευθυνθήκαμε προς την πύλη. Τα εισιτήρια μας ελέγχθηκαν και συνεχίσαμε προς τα μέσα.

The crowd became thicker. We slowly headed towards the gate. Our tickets were checked, and we continued on through.

Ξαφνικά, το μέγεθος του θεάτρου εθεάθη. Μου πήρε την ανάσα.

Suddenly, the size of the theatre came into view. It took my breath away.

Είδα χιλιάδες ανθρώπους να κάθονται στα αρχαία πέτρινα καθίσματα, την μία σειρά πίσω από την άλλη, χτισμένες προς τα πάνω σε γεωμετρική τελειότητα.

I saw thousands of people sitting on the ancient stone seats, one row behind the other, built upwards in geometric perfection.

Ο θόρυβος ήταν μοναδικός και αξέχαστος· ένας ήχος χιλιάδων ενθουσιασμένων ανθρώπων που βρίσκουν τις θέσεις τους και περιμένουν την παράσταση να ξεκινήσει.

The noise was unique, and unforgettable; a sound of thousands of excited people finding their seats and waiting for the play to begin.

Περπατήσαμε πρώτα στο κέντρο, όπου κοίταξα ψηλά και είδα το θέατρο να απλώνεται προς τα πάνω και προς τα έξω τριγύρω μου.

We walked first into the centre, where I looked up and saw the theatre stretching upwards and outwards all around me.

Ο ουρανός από ψηλά ήταν πορτοκαλί, και δάση περικύκλωναν το θέατρο.

The sky above was orange, and forests surrounded the theatre.

Δεν μπορούσα να το πιστέψω πως άνθρωποι το είχαν χτίσει πριν από δύο χιλιετίες.

I could not believe that people had built this over two millennia ago.

Ξεκινήσαμε τότε να ανεβαίνουμε τα πέτρινα σκαλιά προς τις θέσεις μας.

We then began ascending the stone steps towards our seats.

Όταν τις βρήκαμε, είδαμε πως μαξιλάρια είχα τοποθετηθεί πάνω στις πέτρινες θέσεις.

When we reached them, we saw that cushions had been laid out on the stone seats.

Καθίσαμε και περιμέναμε καθώς ο ουρανός γινόταν πιο σκοτεινός.

We sat and waited as the sky became darker.

Φαινόταν πως το θέατρο ήταν γεμάτο. Μετά από μερικά λεπτά η σιγανή μουσική σταμάτησε, και τα μεγάλα φώτα έσβησαν.

It seemed like the theatre was full. After a few minutes, the quiet music stopped, and the big lights turned off.

Το αρχαίο θέατρο, γεμάτο με χιλιάδες ανθρώπους, βυθίστηκε στο σκοτάδι.

The ancient theatre, filled with thousands of people, was submerged into darkness.

Δεν μπορούσαμε να δούμε πια το πλήθος, το οποίο είχε σωπάσει. Ήταν μια πολύ παράξενη ατμόσφαιρα.

We could no longer see the crowd, which had become silent. It was a very strange atmosphere.

Ένα αεράκι φύσηξε γύρω από το θέατρο και μόνο από μακριά ο ήχος των τζιτζικιών μπορούσε να ακουστεί.

A breeze blew around the theatre, and only the distant noise of crickets could be heard.

Δεκατρείς χιλιάδες άνθρωποι είχαν σωπάσει μέσα στο σκοτάδι, περιμένοντας την παράσταση να ξεκινήσει.

Thirteen thousand people had become silent in the darkness, waiting for the play to begin.

Κεφάλαιο επτά: Επιστρέφοντας στην Αθήνα

Chapter Seven: Returning to Athens

Η παράσταση ήταν μαγευτική. Ούτε που είχα δει ή διαβάσει Προμηθέα Δεσμώτη πριν.

The play was magical. I had neither seen nor read Prometheus Bound before.

Η υποκριτική ήταν εξαιρετική και τα κοστούμια ήταν πολύ ενδιαφέροντα.

The acting was excellent, and the costumes were very interesting.

Η συνοδευτική μουσική ήταν πολύ δυνατή. Ήταν μια μίξη κλασσικής και ηλεκτρονικής μουσικής.

The accompanying music was very powerful. It was a mixture of classical and electronic music.

Όταν τελείωσε, όλο το πλήθος σηκώθηκε, χειροκροτώντας.

When it finished, the crowd all stood, applauding.

«Μπράβο!» άκουγα ανθρώπους να φωνάζουν τριγύρω μου.

"Bravo!" I could hear people shouting all around me.

Σταδιακά, τα πλήθη περπατήσαν προς το κάτω μέρος του θεάτρου, ακολουθώντας το μονοπάτι προς το πάρκινγκ.

Gradually, the crowds walked down to the bottom of the theatre, following the path towards the car park.

Ο Νίκος και εγώ ακολουθήσαμε το αργό πλήθος.

Nikos and I followed the slow crowd.

«Αυτό ήταν φανταστικό!» είπα. «Δεν μπορώ να το πιστέψω πως έχω δει μια αρχαία παράσταση σε ένα αρχαίο θέατρο.»

"That was fantastic!" I said. "I can't believe I've seen an ancient play in an ancient theatre."

«Ήταν πραγματικά φανταστικό, έτσι;» συμφώνησε ο Νίκος.

"It really was fantastic, wasn't it?" agreed Nikos.

Ξεκλείδωσε το αυτοκίνητο του και μπήκαμε μέσα.

He unlocked his car, and we got in.

«Θα πάρει αρκετή ώρα για να βγούμε από εδώ», είπε. «Υπάρχουν πολλά αυτοκίνητα που προσπαθούν να φύγουν την ίδια στιγμή.»

"It's going to take a while to get out of here," he said. "There are a lot of cars trying to leave at the same time."

«Πόση ώρα είναι η επιστροφή στην Αθήνα;» ρώτησε.

"How long is the drive back to Athens?" I asked.

«Με αυτόν τον ρυθμό, πάνω από δύο ώρες», απάντησε ο Νίκος.

"At this rate, more than two hours," Nikos replied.

Οδηγήσαμε σιγά σιγά τον σκοτεινό, γεμάτο δέντρα δρόμο, σε μία σειρά από αυτοκίνητα που απλώνονταν τόσο μακριά όσο μπορούσαμε να δούμε.

We drove slowly along the dark, forested road, in a queue of cars stretching as far ahead as we could see.

Μιλούσαμε ενθουσιασμένοι για την παράσταση, θυμίζοντας ο ένας στον άλλο τα αγαπημένα μας μέρη.

We were talking excitedly about the play, reminding each other of our favourite parts.

Στο τέλος φτάσαμε στον αυτοκινητόδρομο και διασχίσαμε τον Ισθμό Κορίνθου.

Eventually, we reached the motorway, and crossed the Corinth Canal.

Σύντομα είμασταν πίσω στην Αθήνα. Κατέβασα το παράθυρο μου καθώς οδηγούσαμε μέσα από την πόλη στην νύχτα.

Soon we were back in Athens. I rolled down my window as we drove through the city at night.

«Γιατί κανένας εδώ δεν φοράει κράνος όταν οδηγεί την μοτοσυκλέτα του;» ρώτησα τον Νίκο. «Φαίνεται επικίνδυνο.»

"Why does nobody wear a helmet when riding their motorcycle here?" I asked Nikos. "It seems dangerous."

«Είναι επικίνδυνο!» συμφώνησε. «Είναι το ίδιο με τις ζώνες, πολύ άνθρωποι δεν τις χρησιμοποιούνε.»

"It is dangerous!" he agreed. "It's the same with seatbelts, a lot of people don't use them."

Κοιτώντας έξω από το παράθυρο, σκεφτόμουν τι θα έκανα αύριο και που θα με πήγαιναν στην συνέχεια οι περιπέτειες μου.

Looking out of the window, I thought about what I was going to do tomorrow, and where my adventures would take me next.

«Θες να πάρουμε ένα σουβλάκι πριν πάμε σπίτι;» ρώτησε. «Όλοι θα κοιμούνται - εκτός από τον Δία!»

"You want to grab a souvlaki before we go home?" he asked. "Everyone will be asleep - except Zeus!"

«Ένα σουβλάκι ακούγεται τέλειο!» απάντησα, και φύγαμε μέσα στη νύχτα.

"Souvlaki sounds great!" I replied, and we headed off into the night.

Συνεχίζεται...

To be continued...

Made in United States
North Haven, CT
14 March 2024

50009998R00043